ALLOCUTION

PRONONCÉE EN LA CHAPELLE

DU MONASTÈRE DE LA VISITATION

A BOULOGNE-SUR-MER

Par M. l'Abbé DELOBEL, vicaire
de St-Martin — Boulogne

A LA PRISE D'HABIT

DE MADEMOISELLE ELISA VAUGEOIS

en religion Sœur LOUISE-HENRIETTE

LE VINGT-CINQ AOUT MIL HUIT CENT QUATRE-VINGT

Conserver la couverture

PARIS

IMPRIMERIE SAINT-GÉNÉROSUS

J. Mersch et Cie

8, RUE CAMPAGNE-PREMIÈRE, 8

M DCCC LXXX

PRISE D'HABIT

DE

MADEMOISELLE ÉLISA VAUGEOIS

ALLOCUTION

PRONONCÉE EN LA CHAPELLE

DU MONASTÈRE DE LA VISITATION

A BOULOGNE-SUR-MER

Par M. *l'Abbé DELOBEL, vicaire de St-Martin — Boulogne*

A LA PRISE D'HABIT

DE MADEMOISELLE ELISA VAUGEOIS

en religion Sœur LOUISE-HENRIETTE

LE VINGT-CINQ AOUT MIL HUIT CENT QUATRE-VINGT

PARIS

IMPRIMERIE SAINT-GÉNÉROSUS

J. Mersch et Cie

8, RUE CAMPAGNE-PREMIÈRE, 8

M DCCC LXXX

MA CHÈRE SŒUR,

L E voici enfin venu ce jour béni après lequel vous avez tant soupiré, ce jour que vous avez appelé de tant de pieuses impatiences. Aujourd'hui, en présence du Dieu de nos tabernacles, en présence des anges du ciel, en présence d'une famille heureuse et attendrie, vous allez dépouiller les vanités du monde pour revêtir les austères livrées de la vie religieuse ; vous allez contracter des fiançailles sacrées avec le Jésus du Calvaire et de l'Eucharistie.

Ah! sans doute, ma Sœur, votre cœur palpite, en ce moment, d'une ardente joie. Les bruits de la terre ont cessé autour de vous, et vos yeux sont attachés avec amour sur l'Époux divin qui vous appelle et vous attend : *Veni, soror mea, sponsa*. Et nous autres, père, mère, frères, sœurs, parents et amis, en voyant votre bonheur, nous ne pouvons que dire et répéter : *Desiderium animæ ejus tribuisti ei Domine, et voluntate labiorum ejus non fraudasti eam.*

Une amitié, je dirai mieux : une adoption, qui est une des forces de ma vie sacerdotale, m'appelle à prendre la parole dans cette fête de la religion et de la famille. J'en remercie l'auteur de tout don parce que j'y trouve une occasion de proclamer, du haut de la chaire de vérité, l'affection, le respect et la reconnaissance dont mon cœur déborde pour une famille qui est à mes yeux, dans tous ses membres, un exemple vivant de foi chrétienne et de dévouement aux œuvres catholiques.

Le sujet de mon discours s'offre tout naturellement à moi. En vous voyant, ma sœur, venir aujourd'hui, dans tout l'éclat et l'avenir de votre jeunesse, immoler au pied des autels tout ce que le monde vous enviait, n'est-il pas juste de me demander : qu'est-ce donc que cette vie religieuse si austère, si dure en apparence, qui enlève au siècle, captivées, les âmes les mieux faites pour y jeter quelque éclat? N'est-il pas juste, encore, que je cherche comment vous, en particulier, ma sœur, vous avez été conduite à ce jour béni! — Qu'est-ce que la vie religieuse? Par quel chemin le bon Dieu vous y a fait arriver? voilà ce que ma voix essaiera de redire.

Je le sais, c'est dans un sanctuaire bien intime que je pénétrerai parfois, mais cet auditoire est un auditoire de croyants, capable de sentir et d'admirer les choses de la foi.

I

Quand Dieu fit pour Adam le Paradis terrestre, il ne se contenta pas d'en tracer l'ordonnance générale; il y planta chaque arbre, il y sema chaque fleur, donnant à chaque plante sa nature, lui déterminant sa fonction, lui assignant sa place. Or, il en est ainsi dans la sainte Eglise, jardin de l'Adam Céleste. Chacun de nous y a sa place et sa fonction. L'Écriture nous dit tout, en disant que, devant Dieu, chacun de nous a son nom. Oui, ô mon Dieu, devant vous, les étoiles ont leur nom ; nous avons donc aussi le nôtre, et, avant de passer à la tête de vos brebis chéries, comme il vous plaît de dire, ô Pasteur éternel, vous les appelez individuellement et chacune par leur nom propre : *Proprias oves vocat nominatim*. Cet appel de Dieu est la vocation, et chaque chrétien a la sienne propre. Mais parmi ces appels, que Dieu adresse aux âmes, il en est un qui a sa place particulière, il est une vocation des cœurs d'élite. C'est celle de l'âme à qui Dieu dit la parole qu'il adressa naguère au Père des croyants : *Egredere de terrâ tuâ et de cognatione tuâ et de Domo Patris tui.* Sors de la maison de ton père et viens dans la terre que je te montrerai : C'est la vocation au saint état religieux.

Vous l'avez entendue, ma sœur, cette voix et vous lui avez obéi. Malgré les déchirements d'un cœur aimant, vous avez quitté votre famille, vous êtes sortie de la maison de votre père et vous voici dans la terre que le bon Dieu vous a montrée. Avancez-y sans crainte, c'est une terre de bénédiction. Le monde, qui n'entend rien aux choses surnaturelles, laissera peut-être tomber sur vous une parole de blâme ou de pitié; pardonnez-lui, il ne voit que la croix, il n'en connaît pas l'onction :

Cruces vident, unctiones non vident; il n'a jamais goûté cette paix ineffable qui enveloppe l'épouse de Jésus-Christ comme d'un divin manteau; il ne sait pas les joies dont Dieu enivre les âmes qui lui sont consacrées; il ne sait pas que la vie religieuse est le vrai bonheur de l'âme sur la terre.

Vous vous rappelez tous, mes frères, cette scène admirable qui nous est racontée dans le saint Évangile : Au milieu de ses courses apostoliques, Notre-Seigneur était arrivé dans la maison de Lazare. Sa présence avait apporté la joie dans la famille, et tous s'empressaient pour préparer à Jésus un accueil digne de lui. Marthe, active et vigilante, image de la chrétienne dans le monde, s'agitait et se pressait. Marie, au contraire, figure de la religieuse, se tenait aux pieds du divin Maître ne voyant et n'entendant que lui ; et le Seigneur Jésus, interpellé par Marthe, laissa tomber de ses lèvres cette divine parole : « Marie a choisi la meilleure part, et cette part ne lui sera pas ôtée. » *Maria optimam partem elegit quæ non auferetur ab ea.*

Vous l'entendez, Père et Mère bien-aimés, Jésus n'a point blâmé celle de vos enfants qui a suivi la voie commune; il sait trop bien qu'avec sa foi généreuse, secondée par un époux digne d'elle, son passage dans le monde laissera des traces de bénédiction; mais il dit, et je répète après lui, parce que votre foi sait le comprendre et le supporter : Marie choisit aujourd'hui la meilleure part. Écoutez plutôt :

Il y a au fond de tout cœur humain un désir qui en fait le tourment : c'est le désir d'être heureux. Le bonheur ! voilà l'idéal que poursuit toute existence, le but vers lequel se réunissent tous nos efforts et tous nos travaux.

Mais hélas ! les événements se chargent de

nous le redire à chaque instant : le bonheur n'est point sur la terre, ou mieux encore, n'est point dans la possession des biens terrestres. Ni les plaisirs, ni les richesses, ni les honneurs ne sauraient nous le donner, ils ne peuvent que nous tromper et nous éblouir. Le monde est une terre dont on vante les fruits et la beauté, et où il semble que coulent des ruisseaux de lait et de miel, mais c'est une terre qui dévore ses habitants : *Terra devorat habitatores suos.*

Où le trouverons-nous donc, ce bonheur après lequel nous aspirons si fortement ? Car il faut bien que nous le trouvions, puisque Dieu lui-même, en nous créant, en a mis dans notre cœur le violent désir ? Saint Augustin nous répond par ces paroles dignes de nos plus fréquentes méditations : *Inquietum et irrequietum est cor nostrum donec requiescat in te.* Notre cœur, ô mon Dieu, reste agité et tourmenté jusqu'au jour où il se repose en vous.

Oui, ô mon Dieu, c'est en vous, et en vous seul, que notre désir du bonheur peut avoir sa réalisation ; c'est dans notre union avec vous, et avec vous seul, que peut être calmée la soif qui altère nos âmes. Mais en attendant que, dans le ciel, notre union complète avec vous nous donne le bonheur parfait, sur cette terre la vie qui nous rapprochera le plus de vous, sera celle aussi qui nous rendra le plus heureux.

Dès lors, mes frères, il nous apparaît radieux comme la lumière, le bonheur de la vie religieuse. Quelle vie pourrait nous unir davantage à notre Dieu ?

Ici-bas, l'union la plus forte, la plus intime qui puisse se former entre les hommes, c'est l'union du mariage. Pour réaliser cette alliance, l'homme, nous disent nos saints livres, quitte son père et sa mère, et, s'unissant à la compagne que son cœur a choisie, ils deviennent deux en une seule chair : *Et erunt duo in carne unâ.*

Or, la vie religieuse n'est rien moins qu'un mariage de l'âme avec Dieu, et c'est sans aucune crainte que nous disons en parlant des religieuses : les épouses de Jésus-Christ. Pour ce mariage, comme pour le premier, la jeune fille, elle aussi, quitte son père et sa mère, s'unit au Seigneur par un irrévocable contrat, et devient un avec lui, un par l'amour. Comme l'épouse de l'homme vit pour son époux, la religieuse vit pour le Dieu qui a captivé son cœur ; c'est lui qui devient le centre de ses pensées, de ses travaux ; sa joie est d'être auprès de lui, de le contempler dans le ravissement de son âme, de recueillir ses paroles, d'habiter avec lui sans jamais le quitter.

C'est le désir de cette auguste union, ma sœur, qui vous sépare d'un père, d'une mère, d'une famille que vous aimez cependant d'un si ardent amour : Dieu seul pouvait vous ravir aux étreintes de leurs bras.

Il m'en souvient, c'était la veille du jour où les portes de ce monastère devaient se fermer sur vous, votre pieuse mère pressait sur son cœur vos mains qu'elle arrosait de ses pleurs. Heureux témoin de cette scène, qui me rappelait Monique et Augustin, je vous parlais de votre famille, du vide que vous alliez laisser au foyer paternel. Et vous, ma sœur, levant vers le ciel vos yeux mouillés de larmes, vous m'avez répondu cette parole que je n'oublierai de ma vie : C'est pour le bon Dieu ! Je l'aime tant !

C'est pour le bon Dieu ! vous l'entendez, parents chrétiens. Ce n'est point pour un homme de la terre que votre fille vous quitte, c'est pour celui qui est la beauté, la bonté, la sainteté par excellence. C'est pour le bon Dieu ! Après un tel aveu, vos larmes peuvent couler encore, mais elles doivent être des larmes de reconnaissance pour l'honneur que le Tout-Puissant daigne aujourd'hui faire à votre sang.

II

Et maintenant, ma chère sœur, par quel chemin le bon Dieu vous a-t-il conduite à ce jour béni?

La vocation religieuse est une grâce. C'est un don purement gratuit que Dieu fait à qui il lui plaît. Qui est libre comme un créateur? Est-ce que l'argile dit au potier : Pourquoi m'as-tu donné cette forme ou assigné cet emploi? Toutefois, lorsque, dans sa bonté, Dieu dépose en un cœur le germe de cette sainte vocation, il fait à l'âme de son choix un ensemble de circonstances, de grâces secondaires par lesquelles, à moins d'une coupable ingratitude, elle arrivera nécessairement à l'honneur qui lui est préparé.

Repassez, ma sœur, les vingt années de votre jeunesse, et admirez avec quel merveilleux amour Dieu vous a ménagé ses grâces, et comment vous pouvez dire avec le Prophète : O mon Dieu, vous m'avez pris et porté dans votre main dès le sein de ma mère : *Posuisti super me manum tuam, suscepisti me de utero matris meæ.*

De nos jours, nous assistons à un spectacle bien fait pour attrister les cœurs qui ont quelque souci du salut des âmes. Ce spectacle, c'est la famille sans Dieu, sans Christ et sans prière. Oui, nous voyons, à notre époque, ce que les siècles païens eux-mêmes avaient à peine vu, nous voyons des pères et des mères élever leurs enfants dans l'ignorance du Dieu qui les a créés. Ce foyer paternel qui, dans la pensée du Seigneur, devait être un temple où l'enfant apprendrait la sagesse et la foi, n'est bien souvent maintenant que le triste séjour de l'indifférence, pour ne pas dire du mépris de la religion. Que de fois nous, que le bon Dieu appelle à la sainte mission de toucher aux âmes des enfants et de les façonner à la vertu, n'avons-nous pas gémi en voyant nos travaux et nos efforts rendus stériles par la funeste influence d'une famille sans foi ! Que d'enfants seraient peut-être devenus des vases d'élection, et que l'influence de la famille a perdus pour toujours !

Grâce à Dieu, si le mal est général, il n'est pas absolu. Au milieu de ce naufrage de la foi dans le monde, Dieu s'est encore réservé des vaillants qui ne courbent pas le genou devant Baal, des familles qui ont conservé les traditions des anciens jours.

C'est dans une de ces familles, ma sœur, que Dieu plaça votre berceau. C'est là que vous avez grandi, entourée des exemples d'un père dont la piété égale la modestie, sous les yeux d'une mère qui rappelle à tous, par ses vertus, la femme forte de nos saints livres. Il m'a été donné, plusieurs fois, de vivre quelques jours sous le toit qui abrita vos jeunes ans, et chaque fois cette atmosphère a fortifié mon âme ; chaque fois j'ai remercié Dieu qui, au milieu des tristesses de l'heure présente, semble, par ces spectacles, inviter nos âmes à la confiance en un avenir plus heureux !

Pardonnez-moi, famille chrétienne, de redire ce secret de votre foyer. Il est bon que de tels exemples soient connus pour l'édification de tous ; il est bon qu'on sache qu'il est possible, même de nos jours, d'être un homme d'affaires intelligent, un travailleur ardent, et de garder, au milieu du tourbillon, une âme croyante, un cœur fidèle au Dieu de son baptême.

Du sein de votre famille, ma chère sœur, Dieu vous fit passer dans une autre école de foi et de piété où votre vocation devait s'affirmer et se développer : j'ai nommé les catéchismes de Saint-Sulpice.

Les catéchismes de Saint-Sulpice ! que de souvenirs ce nom évoque dans mon âme ! Que de douceurs il rappelle à mon cœur ! C'est là, qu'avant l'heure à jamais sacrée de mon sacerdoce, j'ai goûté la joie de faire un peu de bien aux âmes ; c'est là que j'ai compris, avec un ravissement qui durera autant que ma vie, cette admirable parole du divin Maître : « Laissez venir à moi les petits enfants. » C'est là que j'ai commencé à aimer avec une ardente passion les petits et les faibles ! Et comment ne les aurais-je pas aimés ? ils étaient si bons, si pieux ; leurs jeunes cœurs s'ouvraient avec tant de facilité à l'amour du bon Dieu, leur générosité était si vraie et si pure, qu'à plusieurs années de distance, je n'y puis penser encore sans une profonde reconnaissance pour le Dieu qui m'a ménagé ces heureux jours !

Vous les avez connus, ma sœur, ces jours bénis du catéchisme de Saint-Sulpice ; vous en avez vécu de longues années ; vous en avez été l'honneur ; le souvenir de votre piété y est resté comme un parfum qui embaume vos jeunes sœurs. Mieux encore c'est-là, qu'aux pieds de la Vierge Immaculée, la confidente bien-aimée de vos joies et de vos espérances, bien des fois vous avez promis à Notre-Seigneur de lui garder votre cœur ; c'est là que vous avez compris le bonheur de se donner à Dieu et de vivre pour lui. Ah ! quelquefois, dans vos pieuses prières, ayez un souvenir pour les prêtres et les amies que vous y avez connus et qui se réjouissent aujourd'hui de votre bonheur.

Ce n'est pas tout, ma sœur, en même temps que Dieu vous accordait ces grâces inestimables, il en ajoutait une qui a été comme la force et l'appui des deux autres.

Notre génération contemporaine a vu un mouvement qui est son honneur et l'éclatante affirmation de la charité chrétienne. Je veux parler de l'épanouissement des œuvres ouvrières. A la lueur des événements malheureux qui ont déchiré notre pays, devant les menaces d'un avenir toujours de plus en plus sombre, on a compris qu'il était temps de revenir aux anciennes traditions de l'Église catholique, et d'entreprendre avec plus d'ardeur que jamais, la grande œuvre de la régénération du peuple. Une légion de prêtres et de généreux chrétiens se leva, et maintenant notre terre de France offre à tous les regards une magnifique floraison de cercles ouvriers, de patronages, d'écoles chrétiennes.

Ma sœur, votre famille tient une place à part dans ce grand mouvement des œuvres catholiques : elle la tient par son inépuisable générosité, elle la tient surtout par d'admirables dévouements personnels ; et je ne crois pas manquer au respect dû au temple de Dieu et à la cérémonie qui nous rassemble, en saluant dans cet auditoire, au nom des pauvres et des ouvriers, celui qui, depuis plus de trente ans, est l'infatigable champion de toutes les causes catholiques.

Vous aussi, ma sœur, vous avez travaillé, dans la mesure de votre sexe et de vos forces, à ce mouvement chrétien. Dieu seul pourrait dire les saintes industries, les pieuses économies dont vous saviez user pour la caisse des pauvres et des œuvres.

Ah! vous ne les abandonnerez pas, ces chères œuvres qui ont été pour vous, comme pour tant d'autres, la source de grâces si précieuses. Le soutien que vous leur apporterez, pour être tout spirituel, n'en sera ni moins consolant ni moins utile. Permettez-moi de vous le rappeler.

Le matin même du jour où vous êtes venue

prendre place dans cette sainte maison, je vous montrais une dernière fois le patronage de Notre-Dame de la Persévérance qui s'élève au haut de la colline, plein de jeunesse et d'avenir, et je vous demandais d'avoir quelquefois une prière pour de chers enfants tant aimés du Seigneur Jésus : « Pour que je ne pense plus à eux, m'avez-vous répondu, il faudrait qu'on me le défendît. »

Ma sœur, ce n'est pas sous ces cloîtres aimés qu'on vous le défendra. Ici on aime toutes les œuvres chrétiennes, ici on aime en particulier le patronage Notre-Dame de la Persévérance, et les bénédictions dont Dieu veut bien combler cette œuvre chérie, sont dues, je le proclame avec un élan de reconnaissance, aux prières qui montent pour nous vers le ciel, du sein du monastère de la Visitation.

Ma sœur, j'ai fini : Déjà assez longtemps

ma parole a retardé votre bonheur. Toutefois, avant de descendre de chaire, je veux encore ajouter un mot.

Quand saint Bernard n'eut plus de parents sur la terre, les historiens de sa vie nous racontent qu'il aimait à venir s'agenouiller en face du tabernacle et à recomposer, aux pieds du Dieu de l'Eucharistie, sa famille disparue : « O mon Dieu, lui disait-il, vous me serez désormais toutes choses : « *Tu mihi eris omnia.* »

Bien souvent, ma sœur, la règle de la Visitation vous amènera dans ce sanctuaire, aux pieds de Notre-Seigneur ; vous lui direz alors comme saint Bernard : O mon Dieu, vous êtes désormais tout pour moi ! Mais comme lui aussi, vous recomposerez, par la pensée, votre famille absente ; vous déposerez, dans le cœur de Jésus, les noms de ceux que vous quittez, et dont Dieu ne vous défendra jamais l'amour.

Vous prierez pour votre père et votre mère bien-aimés. Ils pleurent sans doute, en ce jour, mais leur foi comprend et approuve.

Vous prierez pour votre vénérable aïeule qui voit aujourd'hui revivre en vous sa fille, cette sainte religieuse dont la tombe est à peine fermée.

Vous prierez pour la nouvelle famille qui vient de se fonder.

Vous prierez pour vos frères et sœur, et en particulier pour celui que le devoir retient éloigné, mais dont l'absence pèse à tous nos cœurs.

Vous prierez encore pour tous ces parents qui se pressent si nombreux dans ce sanctuaire.

Enfin, ma sœur, puisqu'il ne faut oublier

personne, parfois, de votre cœur, vous laisserez aussi jaillir une prière pour les deux vieillards qui nous ont quittés, et qui furent, ici-bas, des modèles d'honneur et de vertu. Puisse le Dieu que nous adorons et que nous aimons donner à tous, en retour de vos prières, les bénédictions qui assureront notre bonheur éternel !

CET
OUVRAGE
A ÉTÉ ACHEVÉ
D'IMPRIMER SUR LES
PRESSES MÉCANIQUES DE
L'IMPRIMERIE SAINT-GÉNÉROSUS,
J. MERSCH ET COMPAGNIE, NUMÉRO
HUIT, RUE CAMPAGNE-PREMIÈRE, PRÈS LE
BOULEVARD MONTPARNASSE, A PARIS,
EN LA FÊTE DE SAINT MARTIN,
LE ONZIÈME JOUR DE
NOVEMBRE, EN L'AN
DE GRACE MIL HUIT
CENT QUATRE
VINGT

www.ingramcontent.com/pod-product-compliance
Lightning Source LLC
Chambersburg PA
CBHW060646050426
42451CB00010B/1224